NOTICE

SUR LA QUESTION SUIVANTE :

EST-IL VRAI, COMME L'ONT AFFIRMÉ VOLTAIRE, LAHARPE ET SISMONDI, QUE CORNEILLE AIT PRIS LE SUJET ET LES PRINCIPALES SCÈNES DU CID, DANS UNE PIÈCE ESPAGNOLE DE DIAMANTÉ, QU'IL AURAIT IMITÉE ET TRADUITE SANS L'INDIQUER ET EN L'ADAPTANT A LA SCÈNE FRANÇAISE ?

Par M. Victor MOLINIER.

> Yo digo, que la agena luz nunca te hará claro, si la propia no tienes.
>
> Rodrigo Cota, *Celestina*.

TOULOUSE,

IMPRIMERIE CH. DOULADOURE ;

ROUGET FRÈRES ET DELAHAUT, SUCCESSEURS,

Rue Saint-Rome, 39.

1865.

NOTICE

SUR LA QUESTION SUIVANTE :

EST-IL VRAI, COMME L'ONT AFFIRMÉ VOLTAIRE, LAHARPE ET SISMONDI, QUE CORNEILLE AIT PRIS LE SUJET ET LES PRINCIPALES SCÈNES DU CID, DANS UNE PIÈCE ESPAGNOLE DE DIAMANTÉ, QU'IL AURAIT IMITÉE ET TRADUITE SANS L'INDIQUER ET EN L'ADAPTANT A LA SCÈNE FRANÇAISE ?

Par M. Victor MOLINIER.

> Yo digo, que la agena luz nunca te hará claro,
> si la propia no tienes.
>
> Rodrigo Cota, *Celestina*.

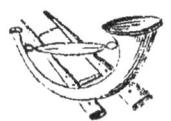

TOULOUSE,

IMPRIMERIE CH. DOULADOURE;

ROUGET FRÈRES ET DELAHAUT, SUCCESSEURS,

Rue Saint-Rome, 39.

1865.

Extrait des Mémoires de l'Académie impériale des Sciences, Inscriptions
et Belles-Lettres de Toulouse.

NOTICE SUR LA QUESTION SUIVANTE :

EST-IL VRAI, COMME L'ONT AFFIRMÉ VOLTAIRE, LAHARPE ET SISMONDI,
QUE CORNEILLE AIT PRIS LE SUJET ET LES PRINCIPALES SCÈNES
DU CID, DANS UNE PIÈCE ESPAGNOLE DE DIAMANTÉ,
QU'IL AURAIT IMITÉE ET TRADUITE SANS
L'INDIQUER ET EN L'ADAPTANT A
LA SCÈNE FRANÇAISE ?

Par M. Victor MOLINIER.

Le *Cid* est certainement celle des pièces qui a le plus contribué à attacher au nom de Corneille cette gloire qui lui est définitivement acquise et à laquelle le temps n'a pu porter aucune atteinte. On est d'accord pour reconnaître que cette tragédie est un chef-d'œuvre.

Ce qui a toujours fait le succès de cette pièce, c'est la noblesse de caractère des deux principaux personnages, c'est l'élévation des sentiments qu'ils expriment ; c'est la sympathie qu'obtient leur amour, parce qu'il est sincère et pur ; c'est enfin ce qu'a de douloureux la position que les événements viennent créer. Joignez à tout cela la vigueur du style, qui met en relief de grandes pensées, et vous pourrez vous rendre compte de ce dicton populaire : *Cela est beau comme le Cid*.

Cependant, si certaines assertions de Voltaire, confirmées par Laharpe et par Sismondi, étaient exactes, le génie de notre grand Poëte aurait bien peu créé dans cette pièce ; toutes les grandes pensées qu'on y trouve appartiendraient à un étranger qu'il n'aurait que traduit.

Voici les faits sur lesquels je viens appeler l'attention de l'Académie.

La tragédie du *Cid* fut, pour la première fois, représentée en 1636. En la publiant, Corneille indiqua trois sources auxquelles il en avait puisé le sujet : l'historien Mariana, dont il cite un passage ; deux Romanceros, dont il donne les textes espagnols ; une tragi-comédie de Guillen de Castro, qui a pour titre : *las Mocidades del Cid*, la jeunesse du Cid. Cette pièce, différente de celle de notre grand poëte, et qui ne la vaut pas, lui a cependant fourni quelques scènes qu'il a traduites ou imitées.

Corneille ne parle en aucune manière d'une autre pièce espagnole, d'un auteur nommé *Diamante*, qui contient presque tout ce qu'il y a dans la sienne. S'il a eu en sa possession cette pièce, il n'a fait que l'adapter à la scène française et que la traduire : tout ce qu'on admire de beau dans le *Cid* appartiendrait alors à l'auteur espagnol.

Or, voici en quels termes s'exprime sur ce point Voltaire dans les *Commentaires* de l'édition des Œuvres de Corneille, qui fut publiée par ses soins, et dont le produit fut destiné à établir une petite-nièce de notre grand poëte : « La plupart de nos comédies étaient imitées du théâtre de Madrid. — Un secrétaire de la reine Marie de Médicis, nommé *Chalons*, retiré à Rouen dans sa vieillesse, conseilla à Corneille d'apprendre l'espagnol, et lui proposa d'abord le sujet du *Cid*. L'Espagne avait deux tragédies du *Cid* : l'une de *Diamante*, intitulée : *El Honrador de su padre*, qui était la plus ancienne ; l'autre : *El Cid* (1), de Guillem de Castro, qui était la plus en vogue : on voyait dans toutes les deux une infante amoureuse du Cid, et un bouffon appelé le *valet gracieux*, personnages également ridicules (2) ; mais *tous les sen-*

---

(1) Ce titre n'est pas exact ; le véritable est le suivant : *Las Mocedades del Cid*, la jeunesse du Cid.

(2) Le valet gracieux, le *gracioso*, n'est que dans la pièce de Diamante. Le personnage de l'Infante est moins déplacé et a plus d'importance dans le drame de Guillen de Castro que dans la tragédie de Corneille.

timents généreux et tendres dont Corneille a fait un si bel usage sont dans ces deux originaux.

» Je n'avais, continue Voltaire, pu encore déterrer le *Cid* de Diamanté, quand je donnai la première édition des *Commentaires sur Corneille* ; je marquerai dans celle-ci les principaux endroits qu'il traduisit de cet auteur espagnol (1). » Ces endroits, il ne les cite pas tous, car si ce qu'il affirme était vrai, il y aurait à restituer à Diamanté une grande moitié au moins de la pièce du *Cid*.

Laharpe reproduisit, dans son *Cours de littérature*, les assertions de Voltaire. « Corneille, dit-il, en s'appropriant le sujet du *Cid*, traité d'abord en Espagne par Diamanté, et ensuite par Guillen de Castro, ne fit pas un larcin, comme l'envie le lui reprocha très-injustement ; mais une de ces conquêtes qui n'appartiennent qu'au génie (2). »

Laharpe n'eût pas parlé ainsi s'il eût connu la pièce de Diamanté (3). Le génie crée et ne copie pas ; le talent du traducteur suffit pour reproduire les idées des autres, en les exprimant dans une autre langue. C'est ce qu'aurait fait Corneille dans la majeure partie de sa pièce, si ce que rapporte son panégyriste était exact.

Ce qui m'a plus étonné, c'est de rencontrer, dans le beau travail sur la Littérature du midi de l'Europe, de *M. de Sismondi*, qui connaissait si bien les poëtes espagnols, cette même assertion de Voltaire, répétée par Laharpe : « Corneille, dit aussi M. de Sismondi en parlant des *Romanceros* qui contiennent la vie du héros de l'Espagne, Corneille empruntait son *Cid*

---

(1) *Remarques sur le Cid*, au tome x, p. 259 et 260 de l'édition des *Œuvres complètes de Voltaire*, publiée par les frères Baudouin. Paris, 1826, 75 vol. in-8°.
Voir aussi, au tome xii, p. 441 et suivantes, ce qu'il dit dans un écrit intitulé : *Anecdotes sur le Cid*.
(2) *Lycée ou Cours de Littérature*, ii⁰ part., chap. 2, sect. 2.
(3) Sismondi fait remarquer que Laharpe connaissait si peu le héros de la pièce de Corneille et le théâtre espagnol, qu'il plaçait au xv⁰ siècle le Cid, qui vivait au xi⁰. *De la Littérature du midi de l'Europe*, t. iii, p. 169 et 170, à la note.

en partie de ces romances mêmes, dont il a rapporté deux dans sa préface, en partie de deux tragi-comédies espagnoles, l'une de Diamanté, l'autre de Guillen de Castro (1). »

Examinons si tout cela est vrai. Déjà, dans un feuilleton du *National*, du 11 avril 1841, signé des initiales F. G., on élevait des objections, et on soutenait que ce n'était pas Corneille qui avait traduit Diamanté, que ce dernier était venu après lui, et avait voulu doter son pays d'une imitation de l'œuvre de notre grand Poëte (2). Dans un volume, contenant des documents relatifs à l'histoire du *Cid*, dans lequel il donne des traductions des pièces de Guillen de Castro et de Diamanté, M. Hippolyte Lucas, auteur de divers travaux sur la Littérature espagnole, exprime aussi la même opinion (3).

Il m'a paru que cette question, qui concerne l'histoire d'un des chefs-d'œuvre de notre théâtre, méritait un examen nouveau, et voici les raisons qui me portent à penser que tout ce qu'il y a de beau dans le *Cid* appartient bien au génie créateur de Corneille.

Voltaire, Laharpe, Sismondi, admettent que la pièce de Diamanté, *El Honrador de su padre*, est plus ancienne que *las Mocedades del Cid* de Guillen de Castro. Pour la pièce de Guillen de Castro, il n'y a pas de difficulté : Corneille reconnaît qu'il a eu en main cette tragi-comédie. Quant à la pièce de Diamanté, si l'on admet qu'elle est antérieure à celle de Guillen de Castro, et par conséquent au *Cid* de Corneille, il y a nécessité de reconnaître que ce dernier l'a eue et l'a imitée, car l'œuvre espagnole et l'œuvre française offrent les mêmes choses exprimées dans des termes équivalents (4). Il s'agit, comme on le voit, d'une question de date; il y a à vérifier si Diamanté avait publié sa pièce lorsque Corneille fit la sienne, ou si elle ne parut qu'après.

---

(1) *De la Littérature du midi de l'Europe*, t. III, p. 169, à la note.
(2) Ce feuilleton paraît provenir de la plume de M. François Génin.
(3) *Documents relatifs à l'histoire du Cid*, par Hippolyt Lucas. — Paris, 1860, in-12.
(4) Il nous suffira, pour démontrer ce que nous affirmons, de rapprocher

L'embarras provient de ce qu'on est peu renseigné sur la vie de Diamanté. On ne connaît ni l'époque de sa nais-

---

dans cette note, quelques passages de la pièce de Corneille, de celle d Diamanté. Cette dernière se trouve dans le Vᵉ volume du *Tesoro del teatro español*, publié par M. E. DE OCHOA, Paris, Baudry, éditeur, 5 vol. in-8º.

Reportons-nous à la 4ᵉ scène du 1ᵉʳ acte du *Cid* de Corneille, pour comparer les vers des deux poëtes :

LE COMTE.

Enfin vous l'emportez, et la faveur du Roi
Vous élève en un rang qui n'était dû qu'à moi ;
Il vous fait gouverneur du prince de Castille.

CONDE.

Vos en efeto os llevasteis
El cargo, y la preeminencia
Que ya gozais, y que solo
A mi dárseme debiera.

D. DIÉGUE.

Cette marque d'honneur qu'il met en ma famille,
Montre à tous qu'il est juste, et fait connaître assez
Qu'il sait récompenser les services passés.

DIEGO.

En esta marca de honor,
Que da el Rey á mi esperiencia,
Muestra que es atento y justo,
Y que su mano realenga (*),
Sabe premiar en servicios
Pasados tantas proezas.

LE COMTE.

Pour grands que soient les rois, ils sont ce que nous sommes ;
Ils peuvent se tromper comme les autres hommes ;
Et ce choix sert de preuve à tous les courtisans
Qu'ils savent mal payer les services présents.

CONDE.

Por grandes que sean los reyes,
Son de la propia materia,
De que son los demas hombres,
Y engañarse pueden.

La suite du dialogue marche de la même manière. Après avoir donné un soufflet à don Diégue et l'avoir désarmé, le Comte l'apostrophe en ces termes :

Ton épée est à moi ; mais tu serais trop vain,
Si ce honteux trophée avait chargé ma main.

(*) Sa main royale.

sance, ni celle de sa mort (1). Il n'y a pas d'article le concernant dans les Biographies générales qu'on consulte le plus,

> Adieu. Fais lire au prince, en dépit de l'envie,
> Pour son instruction, l'histoire de ta vie ;
> D'un insolent discours ce juste châtiment
> Ne lui servira pas d'un petit ornement.

> Tu espada es mia, mas no
> Quiero que pase á mi diestra,
> Tan deslucido trofeo ;
> Añade esta nueva empresa
> Al libro de tus hazañas,
> Para que el principe lea (*).

Le monologue de D. Diégue commence dans les deux pièces de la même manière :

> O rage ! ô désespoir ! ô vieillesse ennemie !
> N'ai-je donc tant vécu que pour cette infamie ?

> ¡ Ah, rabia ! ¡ ah, injusta razon
> Del tiempo ! ¡ ah, rigor del hado !
> Que la vida haya guardado,
> Solo para esta ocasion.

La scène qui suit entre D. Diégue et Rodrigue, présente des différences, parce que l'auteur espagnol a dû mettre en action ce qui est dans la romance populaire ; mais le beau dialogue de Corneille est aussi dans Diamanté. Nous ne citerons que les vers suivants, que tout le monde a dans la mémoire :

> Rodrigue, as-tu du cœur ?
> — Tout autre que mon père
> L'éprouverait sur l'heure,
> — Agréable colère !
> Digne ressentiment à ma douleur bien doux !

> ¿ Tendrás valor ?
> — Calquiera otro que no fuera
> Mi padre, y tal prejuntára (**),
> Bien presto hallára la prueba.
> — ¡ Que á mi gusto has respondido !
> Que bien Rodrigo me suena
> Esa indignacion tan justa.

Il y a dans les vers qui suivent et dans lesquels D. Diégue excite son fils à la vengeance, ces deux mots qui portent le cachet de l'énergie et de la concision du style de Corneille : « Meurs, ou tue. » On les trouve littéralement dans la pièce espagnole : *Muere, ó mata.*

Le monologue de Rodrigue est à peu près le même dans la pièce de Guillen

(1) E. OCHOA, *Tesoro del teatro español*, t. v, p. 1.

(*) Ajoute ce nouvel exploit au livre dans lequel sont racontés tes hauts faits afin que le Prince le lise.

(**) *Prejuntar*, interroger. Tout autre qui ne serait pas mon père et qui m'interrogerait ainsi, en aurait tout de suite la preuve.

même dans les deux éditions de celle de Michaud. Diamanté est un poëte qui a peu de renommée en Espagne, et qui, à

---

de Castro et dans celles de Corneille et de Diamanté. Dans les trois drames est cette locution qui résume assez bien la situation, mais qui est un peu recherchée :

> O Dieu, l'étrange peine !
> En cet affront mon père est l'offensé,
> Et l'offenseur le père de Chimène !

Guillen de Castro a fait dire à Rodrigue, en s'adressant à la fatalité du sort :

> ¿ Posible pudo ser que permitiese
> Tu inclemencia que fuese
> Mi padre el ofendido (¡ extraña pena !)
> Y el ofensor el padre de Ximena ?

Il y a aussi dans Diamanté :

> ¡ Ah rigurosa pena !
> Golpe fatal, ¿ mi padre el ofendido,
> Y el ofensor el padre de Ximena ?

Si on admettait que la pièce de Diamanté fût plus ancienne que celle de Guillen de Castro, il faudrait dire que ce dernier aurait fait un emprunt au premier, car on ne pourrait pas attribuer à une coïncidence fortuite l'emploi dans un semblable monologue d'une locution qui est la même. Cela s'explique beaucoup mieux dès qu'on admet que Corneille s'est servi de Guillen de Castro, et que Diamanté a ensuite traduit Corneille.

La scène dans laquelle Rodrigue appelle en duel le comte de Gormaz, a encore été en partie empruntée par Corneille à Guillen de Castro, mais elle offre avec celle qui est dans Diamanté, des similitudes telles, qu'il est impossible de ne pas reconnaître encore que l'un des deux poëtes n'est que le traducteur de l'autre. La ressemblance ne serait certainement pas aussi grande, s'ils n'avaient fait que puiser à la même source.

Cette scène commence ainsi dans Corneille.

D. RODRIGUE.

A moi, Comte, deux mots.

LE COMTE.

Parle.

D. RORRIGUE.

Ote-moi d'un doute,
Connais-tu don Diègue ?

Il y a dans Diamanté :

RODRIGO.

Conde, escuchad dos palabras (*).

CONDE.

Decid, que ya estoy atento (**).

(*) Comte, écoute deux mots.
(**) Parle, je suis attentif.

mon avis, ne mériterait d'être placé qu'au troisième rang parmi les nombreux écrivains qui ont doté ce pays d'un nombre effrayant de pièces de théâtre.

RODRIGO.

¿Sacadme aqui de una duda,
Conoceis bien à don Diego
Laynez ? (*)

Lorsque Rodrigue en vient au défi, il propose, dans Diamanté, au Comte, de combattre aux champs ou dans la ville, de jour ou de nuit, en plein soleil ou à l'ombre, à cheval ou à pied, avec cuirasse ou sans cuirasse, à l'épée ou à la lance, à son choix ; cela convient au théâtre espagnol. Le dialogue est ensuite le même dans les deux pièces. Faisons encore quelques rapprochements.

LE COMTE.

Jeune présomptueux !

D. RODRIGUE.

Parle sans t'émouvoir.
Je suis jeune, il est vrai ; mais aux âmes bien nées
La valeur n'attend point le nombre des années.

LE COMTE.

Te mesurer à moi ! qui t'a rendu si vain,
Toi qu'on n'a jamais vu les armes à la main ?

D. RODRIGUE.

Mes pareils à deux fois ne se font point connaître,
Et pour leurs coups d'essai veulent des coups de maître.

LE COMTE.

Retire-toi d'ici.

D. RODRIGUE.

Marchons sans discourir.

LE COMTE.

Est-tu si las de vivre ?

D. RODRIGUE.

As-tu peur de mourir ?

LE COMTE.

Viens, tu fais ton devoir, et le fils dégénère,
Qui survit un moment à l'honneur de son père.

Voici comment cette partie de la scène est exprimée dans Diamanté :

CONDE.

¿Qué bueno,
Pues me retais ? ¡qué gracioso
Mozuelo ! (**)

(*) Ote-moi donc d'un doute.
Connais-tu bien don Diégue Laynez ?

(**) *Retais de Retar*, appeler en duel, adresser un défi. Quoi, tu me défies ? Oh ! le plaisant petit garçon !

Sur quoi se sont fondés Voltaire, Laharpe, Sismondi, pour prétendre, comme ils le disent, que la pièce de Diamanté est

---

      RODRIGO.
        Yo lo confieso,
Mozo soy, pero los años
No son jueces del aliento (*).
      CONDE.
¿ Es verdad, pero ? ¿ tu á mi ?
Hombre te as hecho muy presto (**).
      RODRIGO.
Basta una ocasion, don Gomez,
Para conocer al bueno,
Y para ensayarme yo
Comenzar por vos pretendo,
Y yo sé que en el ensayo
Os pareceré maestro (***).
....
      CONDE.
¿ Cansado estás de vivir ?
      RODRIGO.
¿ Vos de morir teneis miedo ?
      CONDE.
Vamos, que haceis lo que debes,
Que un hijo obediente y cuerdo
Como lo eres tú, Rodrigo,
Si sobrevive un momento
Al honor que perdió el padre,
Pone el suo á grande riesgo (****).

Je crois qu'il est inutile de continuer des rapprochements qui nous amèneraient à parcourir les deux tiers des deux pièces, si nous voulions mettre en regard tout ce qu'il y a de semblable. Les différences qu'on y rencontre proviennent des exigences des mœurs de chaque pays et des nécessités qu'impose la versification. Il est incontestable et cela ne saurait être mis en question, que l'un des deux auteurs a imité et a traduit l'autre. Il s'agit uniquement de rechercher quel est celui des deux qui a été imité et traduit.

Je ne puis terminer sans citer encore les beaux vers qui, dans la pièce de

---

(*) Je suis un jeune homme, je l'avoue, mais ce ne sont pas les années qui font juger de la valeur. *Aliento*, courage, valeur, force d'esprit.

(**) Cela est-il bien vrai ? Toi, me défier ? Tu te poses en homme bien vite.

(***) Il suffit, don Gomez, d'une occasion à celui qui est valeureux pour se faire connaitre, et pour m'essayer je tiens à commencer par vous, car je sais que dans cet essai je vous montrerai que je suis maitre.

(****) Viens. Tu fais ton devoir. Un fils soumis et sensé comme tu l'es, expose à de grands périls son honneur, s'il survit un moment à celui de son père.

plus ancienne que celle de Guillen de Castro qui avait plus de vogue? Je l'ignore. Le seul Recueil qu'on ait des œuvres de Diamanté, a été publié à Madrid, de 1670 à 1674, en 2 vol. in-4°, par conséquent plus de trente-quatre années après l'apparition du *Cid.* La bibliothèque de notre ville de Toulouse, possède quelques-uns de ces Recueils de pièces de théâtre mal imprimés sur du papier jaunâtre, qu'éditaient les libraires espagnols, et qui sont aujourd'hui recherchés. J'ai trouvé dans l'un d'eux une pièce de *Juan Bautista Diamante*, c'est bien notre Poëte, qui a pour titre : *El Erculeo de Ocana.* Le héros de cette comédie est un Samson espagnol, doué d'une grande force musculaire, appelé Cespédés, dont l'histoire légendaire fait aussi le sujet de l'un des drames de Lope de Vega. Cette pièce a été imprimée à Madrid, en 1740, plus de cent années après l'apparition du *Cid.* D'après M. Hippolyte Lucas, il existerait un Recueil publié en Espagne, en 1658, vingt-deux ans par conséquent après l'apparition du *Cid* de Corneille, qui serait le plus ancien de ceux dans lesquels on trouve la pièce de Diamante : *El Honrador de su padre.* Il existerait encore, selon le même écrivain, une autre pièce du même poëte, imprimée seulement en 1679, et ayant ce titre :

Corneille, sont à la fin de la 3e scène du 3e acte, lorsque la confidente de Chimène lui demande ce qu'elle entend faire, et lorsqu'elle lui répond :

> Pour conserver ma gloire et finir mes ennuis,
> Le poursuivre, le perdre et mourir après lui.

Il y a dans Diamanté :

> Hacer buscalle, prendelle,
> Perseguille hasta perdelle,
> Y morir luego con él (*).

On ne trouve rien de semblable et de si beau dans ce qui appartient à Diamanté. Ce rapprochement suffit, à mon avis, pour que la question que nous agitons soit jugée en faveur de Corneille. Il y a là le cachet de son génie, et lui seul était capable de faire parler Chimène avec tant de noblesse. Voltaire qui trouve ces vers admirables, en conclut que la pièce de Diamanté contenait les vraies beautés qui firent la fortune du *Cid.* En examinant les faits avec plus de soin, il eût aperçu la vérité, et ces vers pouvaient la lui montrer.

(*) Le chercher, le prendre, le poursuivre jusqu'à la mort, et après mourir avec lui.

El valor no tiene edad, qui paraîtrait avoir été emprunté à ce vers de Corneille :

> La valeur n'attend pas le nombre des années (1).

Cela semble aussi démontrer que Diamanté connaissait le *Cid* français, et y prenait des inspirations.

En présence de ces faits et de ces dates, il me paraît impossible d'admettre que les pièces de Diamanté soient plus anciennes que celles de Guillen de Castro. Ce dernier était né en 1567, et était mort en 1631, cinq années avant la représentation du *Cid* de Corneille. Son théâtre avait été imprimé en 1614, et on s'explique dès lors très-bien comment Corneille avait pu connaître ses œuvres. Quant à celles de Diamanté, elles sont évidemment d'une date postérieure, et elles ne durent paraître que dans la seconde moitié du XVIIe siècle. Ce qui démontre pour moi qu'il doit en être ainsi, c'est ce que j'ai constaté dans un Poëme de Lope de Vega, qui a pour titre : *El Laurel de Apolo*, le Laurier d'Apollon. La dédicace de cet ouvrage porte la date du dernier jour du mois de janvier de l'année 1630. L'illustre poëte, mort en 1635, un an avant l'apparition du *Cid*, présente une galerie dans laquelle figurent tous ceux qui, dans son pays, s'étaient livrés, depuis les temps les plus anciens jusqu'à son époque, au culte des Muses. Guillen de Castro, son contemporain, y a une place distinguée (2). Des poëtes d'un ordre inférieur y figurent, et Diamanté ne s'y

---

(1) HIPPOLYTE LUCAS, *Documents relatifs à l'Histoire du Cid*, p. 129, à la note, et p. 211.

(2) *Coleccion de las obras de* D. FREY LOPE-FELIX DE VEGA CARPIO, tom. I, p. 46. Madrid, 1776-1779, XXXI vol. in-4°.

> El vivo ingenio, el rayo,
> El espiritu ardiente
> De DON GUILLEN DE CASTRO,
> A quien de su ascendente
> Fue tan feliz el astro,
> Que despreciando jaspe y alabastro,
> Piden sus versos oro y bronce eterno,
> Ya se enoje marcial, o indulce tierno.
>
> (LOPE DE VEGA, *Laurel de Apolo*, Silva II.)

trouve pas. Je crois pouvoir en induire qu'il n'est venu qu'après Lope de Vega, et on voit dès lors comment il se fait que le Recueil de ses pièces qu'on possède et qu'on connaît, porte pour date les années 1670 et 1674.

Sur quoi avait pu se fonder Voltaire pour placer Diamanté à une époque antérieure à celle de Guillen de Castro? Peut-être n'avait-il lu la pièce de Diamanté que dans quelqu'une de ces mauvaises éditions espagnoles des pièces de théâtre, qui sont pleines de fautes, qui ne portent pas de date, ou qui en mentionnent de fausses (1). Les libraires s'emparaient, en Espagne, des comédies qui avaient quelque mérite, les publiaient souvent sous un nom qui n'était pas celui de leur véritable auteur, en les qualifiant toujours de *Comedia famosa*, et étaient bien capables de leur assigner une date ancienne, se référant, pour les recommander, au beau siècle où Lope de Vega avait illustré la scène espagnole (2). Je crois que cela est très-possible. Si cette

---

(1) Ce qu'il dit dans l'écrit que j'ai déjà cité, et qui a pour titre : *Anecdotes sur le Cid*, me confirme dans cette idée. Voici ce qu'on y lit : « Nous avions toujours cru que le *Cid* de Guillem de Castro était la seule tragédie que les Espagnols eussent donnée sur ce sujet intéressant; cependant il y avait encore un autre *Cid*, qui avait été représenté sur le théâtre de Madrid, avec autant de succès que celui de Guillem. L'auteur est don Juan-Bautista Diamante, et la pièce est intitulée : *Comedia famosa del Cid, honrador de su padre* ; « la fameuse comédie du *Cid*, qui honore son père. (A la lettre, *honorateur de son père*). Il y a même un troisième *Cid* de don Fernando Zarate, tant ce nom du *Cid* était illustre en Espagne et cher à la nation... — Nous ne dirons rien de la fameuse comédie de don Fernando de Zarate; il n'a point traité le sujet du Cid et de Chimène; la scène est dans une ville des Maures ; c'est un amas de prouesses de chevalerie. — Pour le *Cid honorateur de son père*, de don Juan Bautista Diamante, ON LA CROIT ANTÉRIEURE A CELLE DE GUILLEM DE CASTRO DE QUELQUES ANNÉES. CET OUVRAGE EST TRÈS-RARE, ET IL N'Y EN A PAS PEUT-ÊTRE AUJOURD'HUI TROIS EXEMPLAIRES EN ESPAGNE. »
Voltaire n'avait pas, comme on le voit, la collection des pièces de Diamante, publiée à Madrid, en 1670 et 1674. Il n'affirme rien sur la date de l'exemplaire qu'il n'a pu avoir qu'avec peine, et cependant tout ce qu'il admet se rattache à une date. Il suppose que Corneille a pu se procurer et avoir cette pièce dont, selon lui, il existait si peu d'exemplaires en Espagne.

(2) Voir sur ces mauvaises publications des pièces de théâtre, ce que dit BOUTERWEK, *Histoire de la littérature espagnole*, traduite de l'Allemand, tom. II, p. 176. Paris, 1812, 2 vol. in-8°.

conjecture devait être en défaut, je serais disposé à penser que Voltaire, en rencontrant dans la pièce de Diamante une très-grande partie de celle de Corneille, et en se rattachant à cette idée que Corneille faisait des emprunts au théâtre espagnol, aura cru qu'il avait imité Diamanté. En voyant ensuite des passages de Diamanté dans Guillen de Castro, dont les œuvres étaient beaucoup plus connues, il en aura induit que ce dernier avait imité le premier, et il aura cru pouvoir dire que l'Espagne avait, avant Corneille, deux tragédies du *Cid*, l'une de Diamanté qui était la plus ancienne, l'autre de Guillen de Castro qui était la plus en vogue. Il ne lui est pas venu dans la pensée que, si Corneille, comme il le déclarait lui-même, devait quelques-uns des passages de sa tragédie à Guillen de Castro, Diamanté avait très-bien pu les reproduire en traduisant Corneille. Il serait facile de démontrer que Voltaire n'était pas familier avec le théâtre espagnol, et a bien pu commettre une erreur de date qui aurait cependant de grandes conséquences par rapport aux mérites de l'œuvre de l'une des illustrations des Lettres françaises. Ce qu'avait affirmé Voltaire fut accepté par Laharpe. Ce qui m'étonne le plus, c'est que M. de Sismondi n'ait pas relevé l'erreur qui est pour moi évidente. L'ordre des dates doit nous présenter successivement la pièce de Guillen de Castro, celle de Corneille, et après cette dernière, celle de Diamanté.

Il y a encore d'autres faits qui viennent appuyer cette opinion. On sait qu'à l'apparition du *Cid* français, toutes les médiocrités littéraires ourdirent, pour le faire chuter, une affreuse cabale dans laquelle figura le cardinal de Richelieu. Scudéri était en tête de la troupe envieuse et jalouse. Il rédigea contre le *Cid*, sous le titre d'*Observations*, un libelle violent dans lequel cette pièce est qualifiée d'immorale; il y reproche à Chimène, d'être une fille dénaturée, et il dit à Corneille qu'il a *dérobé*, c'est le mot peu poli dont il se sert, presque toutes les beautés qui font le succès de son œuvre. L'Académie française, dans le célèbre jugement qu'elle rendit à suite de cette querelle, en employant pour le rédiger, la plume de Chapelain, maltraite aussi Corneille, en qualifiant de *larcins* les emprunts faits à Guillen de Castro. Certainement si la pièce de Diamanté eût existé, on l'eût produite et on n'eût pas manqué de s'en faire un moyen puissant d'attaque qui eût causé de grands embarras à notre Poëte.

Il n'est pas sans intérêt de voir comment il se défend contre l'accusation de plagiat, dans une lettre apologétique contenant sa réponse aux observations de Scudéri : « Vous m'avez voulu, dit-il, faire passer pour un simple traducteur, sous ombre de soixante-et-douze vers que vous marquez sur un ouvrage de deux mille, et que ceux qui s'y connaissent n'appelleront jamais de simples traductions; vous avez déclamé contre moi, pour avoir le nom de l'auteur espagnol (il ne dit pas des auteurs espagnols, il n'entend parler que de Guillen de Castro), bien que vous ne l'ayez appris que de moi, et que vous sachiez fort bien que je ne l'ai celé à personne, et que même j'en ai porté l'original en sa langue, à M. le Cardinal votre maître et le mien. »

Ce langage plein de franchise n'est pas celui d'un plagiaire qui pourrait craindre d'être convaincu de s'être servi d'une pièce qu'il laisserait dans l'ombre. Corneille avait une trop belle âme, un trop noble caractère pour employer des réticences mensongères, pour ne dire que des vérités incomplètes. Lorsqu'il faisait des emprunts au théâtre espagnol, il le déclarait avec la plus grande loyauté et quelquefois même avec un sentiment d'admiration pour l'œuvre qu'il imitait. Il a dit en tête de sa jolie comédie du *Menteur*, qu'elle est en partie traduite, en partie imitée de la pièce d'Alarcon qui a pour titre : *La Verdad sospechosa*, la vérité qui est en suspicion. Il rapporte que cette pièce étrangère est si bien conduite qu'il donnerait volontiers deux des plus belles de celles qu'il a faites pour qu'elle fût de son invention.

Enfin, Corneille est l'auteur de *Cinna*, des *Horaces*, de *Polyeucte*, de *Nicomède* et il n'y a rien dans le *Cid* qui ne puisse être de lui. Diamanté n'occupe dans le théâtre espagnol, qu'une position des plus modestes, et n'a pu s'élever à une grande hauteur, dans le domaine de la pensée, qu'en s'étayant sur Corneille et en le traduisant.

La renommée de la tragédie française du *Cid* était parvenue à l'étranger. Les critiques de Scudéri et de ses adhérents, la part que prit à cette singulière querelle le cardinal de Richelieu, les appréciations de l'Académie empreintes d'un certain esprit d'équité, contribuèrent à fixer sur cette pièce l'attention de l'Europe. Elle fut traduite, dit Fontenelle, dans toutes les langues, hors l'esclavone et la turque. « Elle était, ajoute-t-il, en allemand, en anglais, en flamand ; et par une exactitude flamande, on l'avait rendue vers pour vers. Elle était en italien, et ce qui est plus étonnant, en espagnol ; les Espagnols avaient bien voulu copier eux-mêmes une pièce dont l'original (il veut dire le sujet) leur appartenait (1). »

Il n'est donc pas étonnant, disons-nous, qu'un poëte tel que Diamanté, ait eu la pensée de s'emparer de l'œuvre de Corneille et d'en faire une imitation libre, propre à être représentée sur les théâtres de son pays.

Il me paraît donc que ces aperçus réfutent suffisamment les assertions de Voltaire, de Laharpe, de Sismondi, et établissent que les beautés du *Cid* appartiennent bien à Corneille.

(1) FONTENELLE, *Vie de Corneille*.

Toulouse, Impr Douladoure; Rouget Frères & Delahaut, succ^{rs}, rue St-Rome, 39.